CORONADO DE SUEÑOS

RAINER MARIA RILKE

CORONADO DE SUEÑOS

(1894-1896)

Traducción de Guillermo García Calvo

VISOR LIBROS

VOLUMEN MCCLXXIX DE LA COLECCIÓN VISOR DE POESÍA

Título original: *Traumgekrönt*, 1897

© Traducción de Guillermo García Calvo

© VISOR LIBROS
Isaac Peral, 18 - 28015 Madrid
www.visor-libros.com

ISBN: 979-13-87745-79-0
Depósito Legal: M-20407-2025

Impreso en España - Printed in Spain
Gráficas Muriel. C/ Investigación, n.º 9. P. I. Los Olivos - 28906 Getafe (Madrid)

INTRODUCCIÓN

El primer poema de *Coronado de sueños* data del 1 de mayo de 1894 («Soñar» V) y el último del 26 de octubre de 1896 («Soñar» VI). Con la excepción de tres poemas escritos en octubre de 1896 en Múnich, a donde Rilke había llegado un mes antes para estudiar derecho en la universidad Ludwig-Maximilian, y cuatro en Dittersbach, Bad Goisern y Bohemia del Norte durante sus vacaciones de verano, el resto de los 51 poemas fueron escritos en Praga, constituyendo así el tercer y último libro que escribió en su ciudad natal, a la que después solo regresaría esporádicamente, y la culminación de este primer periodo creativo antes de los encuentros decisivos para su desarrollo estilístico con Lou Andreas-Salomé en 1897, con Paula Modersohn-Becker en 1900 en Worpswede y con Auguste Rodin en 1902 en París. *Coronado de sueños* es también el último trabajo que Rilke firmará con su nombre de bautismo René Maria; su siguiente obra, *Adviento*, publicada en 1898, llevará el nombre Rainer Maria, que ya usará siempre, por sugerencia de Lou, quien no consideraba adecuado el nombre René Maria para un escritor masculino.

Anteriormente, Rilke había publicado *Vida y canciones* en 1894 y *Ofrenda a los lares* en 1895, ambas con el apoyo económico de Valerie von David-Rhonfeld, su compañera sentimental desde 1893, con quien mantuvo una apasionada relación epistolar documentada en 124 cartas y 77 poemas. En 1896 publica con sus propios medios la revista gratuita *Wegwarten*, con una tirada de 300 ejemplares, que él mismo distribuye en asociaciones, hospitales y librerías, guiado por el ideal de hacer accesible la poesía a quienes no tuvieran dinero para comprar libros. Rilke escribe en el prólogo del primer número unas palabras que pueden aplicarse a todo el conjunto de su obra: «Yo mismo soy pobre, pero la esperanza de que estas poesías despierten un día a una vida superior en el alma de la gente, me llena de riqueza». En los únicos tres números que aparecerán de la revista encontramos algunos de los poemas de *Coronado de sueños*, entre ellos la «Canción para un rey», que suena como una profecía a sí mismo. En ella se anuncia una vida consagrada a la poesía, cuyo reino será su mundo interior a pesar de la pobreza material y su mayor privilegio el hecho mismo de existir y de disponer cada día de la luz del sol para observar el mundo, siendo este proceso contemplativo lo que le concederá su vestido «de púrpura y armiño», característico de los príncipes —y del Principito— mientras que la oscuridad de la noche, momento predilecto para él, como nos confesará en *El libro de horas* («Creo en las noches»), le brindará la inspiración, tanto a través de la alegría como de la tristeza.

La relación con Valerie terminará a finales de 1895, y ya a comienzos de 1896 Rilke envía la primera carta en busca de ayuda a Richard Zoozmann, en aquel entonces un conocido escritor y traductor alemán, también poeta, dirigiendo así su mirada más allá de las fronteras del círculo cultural de la minoría germanoparlante de Praga a la que pertenecía. Zoozmann, que terminó siendo el dedicatario de la primera edición de *Coronado de sueños*, le puso en contacto con la editorial de pago P. Friesenhahn de Leipzig, financió la mitad de los gastos y le aconsejó reducir las cuatro partes originales del poemario, *Ambientes, Estampas, Sobre la mujer y Visiones* en las dos que hoy conocemos, *Soñar y Amar*. Finalmente, el libro vio la luz en dicha editorial en 1897.

En el primer poema de la sección «Soñar», el yo poético nos confiesa su decepción con dios y su escepticismo de la religión. Su grito de anhelo y su «larga fila de deseos» que no es oída por nadie, nos hace pensar en la «Primera Elegía de Duino», cuando el poeta se pregunta si los ángeles oirían su grito y justo después nos da la clave para encontrar el consuelo a nuestro llanto: la contemplación, en ese caso del árbol de la ladera que vemos a diario. Pero Rilke advierte que debe ser una contemplación sin interpretaciones, ya que en el mundo interpretado («in der gedeuteten Welt») nos apartamos de la realidad, a diferencia de los otros seres vivos de la naturaleza, que no la interpretan. Esta idea nos puede servir como guía de lectura para *Coronado de sueños*, una propuesta de contemplación de instantes cotidianos aparentemente insignificantes —como el quicio ronco de una puerta que se abre y deja entrar el olor a lavanda del jardín—, sublimados y celebrados en sus versos. En obras posteriores, como en varios de los *Sonetos a Orfeo*, Rilke nos hablará de ese celebrar, ese festejar el mundo como misión última del poeta, discípulo de Lino y Orfeo, consciente de que para los dioses griegos la creación no era completa hasta que estos le hicieron comprender a

Zeus que era necesario crear las musas y los poetas para que cantaran la belleza del mundo.

El joven Rilke nos muestra ya de forma conmovedora su capacidad para contemplar las cosas sencillas, dejándose impregnar de su esencia, celebrándolas y transformándolas en palabras «como el cantero de la catedral se convierte tenaz en la serenidad de la piedra» (*Réquiem por Wolf von Kalckreuth, 1908*) y a la vez nos abre su corazón cuando nos habla de su sensación de no pertenecer a este mundo, hasta el extremo de desear la muerte («Soñar» VII, IX, X, XV y XXVIII), su aceptación del amor efímero, («Soñar» XVIII, «Amar» XVII, XVIII, XIX y XX) e incluso la difícil relación con su madre («Soñar» VI). Encontramos también una serie de motivos presentes a lo largo de toda su creación, como la rosa, asociada aquí a la muerte («Soñar» V y XXV) o a una despedida («Amar» XX), que nos hace recordar el epitafio que escribió para sí mismo («Rosa, oh pura contradicción, deleite de no ser sueño de nadie bajo tantos pétalos»); las fuentes que nos cuentan historias con su murmullo («Soñar» XIV y XVI), temática que culmina en el *Soneto a Orfeo* XV de la segunda parte, donde la fuente es el medio que tiene la tierra de hablar consigo misma en conversación incesante, solo interrumpida cuando acercamos un cántaro para llenarlo; o, posiblemente inspirado en la muerte de su primo y compañero de juegos Egon von Rilke con siete años, a quien Rilke le dedica su estremecedor *Soneto a Orfeo* VIII de la segunda parte, el motivo de la muerte prematura, que aparece en el número V de «Soñar» con una crudeza y ausencia de sentimentalismo que anticipan su famosa «Pieza final / La muerte es grande» de 1901, perteneciente a *El libro de las imágenes.*

Si bien estamos ante una obra de juventud, lejos aún de las alturas de las *Elegías* y los *Sonetos*, podemos constatar, en palabras de Robert Musil, que ya en los primeros poemas de Rilke están presentes «tanto la forma interior como la forma exterior de toda su obra, dibujada ya como una delicada estructura. [...] La porcelana de los primeros poemas se convertirá en el mármol de los últimos, apenas mutada la esencia que había en el principio, solo forjándose por un sentido cada vez más profundo». (*Discurso de Robert Musil del 16 de enero de 1927 con motivo del fallecimieno de Rilke*).

Me complace que los lectores hispanohablantes puedan por primera vez acceder a la traducción completa al castellano de este bellísimo poemario, y conocer y amar así un poco más a una de las figuras más fascinantes de la cultura universal.

Guillermo García Calvo
Viena, diciembre de 2024

TRAUMGEKRÖNT

CORONADO DE SUEÑOS

KÖNIGSLIED

Darfst das Leben mit Würde ertragen,
nur die Kleinlichen macht es klein;
Bettler können dir Bruder sagen,
und du kannst doch ein König sein.

Ob dir der Stirne göttliches Schweigen
auch kein rotgoldener Reif unterbrach, —
Kinder werden sich vor dir neigen,
selige Schwärmer staunen dir nach.

Tage weben aus leuchtender Sonne
dir deinen Purpur und Hermelin,
und, in den Händen Wehmut und Wonne,
liegen die Nächte vor dir auf den Knien…

CANCIÓN PARA UN REY

Con dignidad llevarás esta vida,
que solo al mezquino hace pequeño;
mendigos podrán llamarte «hermano»
cuando tú ya en verdad eres un rey.

Aunque no adorne corona dorada
de tu frente el divino silencio, —
te harán reverencias los niños,
mientras tus fieles miran con asombro.

Los días tejen con rayos de sol
tu vestido de púrpura y armiño,
y, con manos colmadas de gozo y dolor,
ante ti se arrodillan las noches…

TRÄUMEN

SOÑAR

I

Mein Herz gleicht der vergessenen Kapelle;
auf dem Altare prahlt ein wilder Mai.
Der Sturm, der übermütige Geselle,
brach längst die kleinen Fenster schon entzwei;
er schleicht herein jetzt bis zur Sakristei
und zerrt dort an der Ministrantenschelle.
Der schrillen Glocken zager Sehnsuchtsschrei
ruft zu der längst entwöhnten Opferstelle
den arg erstaunten fernen Gott herbei.
Da lacht der Wind und hüpft durchs Fenster frei.
Doch der Erzürnte packt des Klanges Welle
und schmettert an den Fliesen sie entzwei.

Und arme Wünsche knien in langer Reih
vorm Tor und betteln an vermooster Schwelle.
Doch längst schon geht kein Beter mehr vorbei.

I

Mi corazón semeja la ermita olvidada;
en el altar alardea el mes de mayo.
La tormenta, esa compañera engreída,
quebró hace tiempo las ventanas en dos;
con sigilo atraviesa ahora la sacristía
agitando las sonajas de los monaguillos.
Su estridente alarido de medroso deseo
reclama al sagrario hace tiempo en desuso
al dios extremadamente atónito y lejano.
El viento ríe y huye de un salto por la ventana.
Mas el dios furioso atrapa el sonido del grito
y lo hace añicos contra las baldosas.

Una larga fila de deseos pide de rodillas
en el umbral del portón cubierto de musgo.
Mas hace siglos que nadie rezando pasa por allí.

II

Ich denke an:

Ein Dörfchen schlicht in des Friedens Prangen,
drin Hahngekräh;
und dieses Dörfchen verloren gegangen
im Blütenschnee.
Und drin im Dörfchen mit Sonntagsmienen
ein kleines Haus;
ein Blondkopf nickt aus den Tüllgardinen
verstohlen heraus.
Rasch auf die Türe, die angelheiser
um Hilfe ruft, -
und dann in der Stube ein leiser, leiser
Lavendelduft ...

II

Estoy pensando en:

Una humilde aldea en el esplendor de la calma,
el canto de un gallo;
y la misma aldea que ha quedado escondida
bajo un alud de flores.
Y dentro de la aldea, con aire de domingo,
una casita;
una cabeza rubia se inclina furtiva
por las cortinas de tul.
De pronto se abre la puerta, el quicio ronco
pidiendo ayuda,
y entra en la estancia un suave, suave
olor a lavanda…

III

Mir ist: ein Häuschen wär mein eigen;
vor seiner Türe säß ich spät,
wenn hinter violetten Zweigen
bei halbverhalltem Grillengeigen
die rote Sonne sterben geht.

Wie eine Mütze grünlich-samten
steht meinem Haus das moosge Dach,
und seine kleinen, dickumrammten
und blankverbleiten Scheiben flammten
dem Tage heiße Grüße nach.

Ich träumte, und mein Auge langte
schon nach den blassen Sternen hin, -
vom Dorfe her ein Ave bangte,
und ein verlorner Falter schwankte
im schneeig schimmernden Jasmin.

Die müde Herde trollte trabend
vorbei, der kleine Hirte pfiff, -
und in die Hand das Haupt vergrabend,
empfand ich, wie der Feierabend
in meiner Seele Saiten griff.

III

Si una casita fuera solo mía,
me sentaría hasta tarde en la puerta,
cuando tras las ramas violáceas
al suave violín de los grillos
va muriendo el rojo sol.

El musgo del tejado le hace a mi casa
un sombrero verde de terciopelo,
y sus ventanucos de marco ancho
y brillo cegador lanzan al día
salves ardientes como llamas.

Empecé a soñar y mis ojos se alzaron
buscando las primeras estrellas,
del pueblo llegaba un eco de campanas
y una mariposa perdida volaba
sobre el jazmín, fúlgido como la nieve.

Cansado, el rebaño se alejaba
al trote cuando el pastorcillo silbó,
y al hundir mi cabeza en las manos
sentí cómo el final del día
rasgueaba las cuerdas de mi alma.

IV

Eine alte Weide trauert
dürr und fühllos in den Mai, -
eine alte Hütte kauert
grau und einsam hart dabei.

War ein Nest einst in der Weide,
in der Hütt ein Glück zu Haus;
Winter kam und Weh, - und beide
blieben aus ...

IV

Un viejo sauce está de luto,
seco e impasible aún en mayo.
Una vieja choza se acurruca
sola y gris a su lado.

Hubo una vez un nido en el sauce
y en la choza una alegría;
mas llegó el invierno y la pena,
y los dos ya no están…

V

Die Rose hier, die gelbe,
gab gestern mir der Knab,
heut trag ich sie, dieselbe,
hin auf sein frisches Grab.

An ihren Blättern lehnen
noch lichte Tröpfchen, - schau!
Nur heute sind es Tränen, -
und gestern war es Tau …

V

Esta rosa de aquí, la amarilla,
me dio ayer el muchacho.
Hoy la llevo, la misma,
a su flamante tumba.

En sus pétalos aún descansan
unas gotitas claras, —¡mira!
solo que hoy son lágrimas,
y ayer era rocío…

VI

Wir saßen beisammen im Dämmerlichte.
"Mütterchen", schmeichelte ich, "nicht wahr,
du erzählst mir noch einmal die schöne Geschichte
von der Prinzessin mit goldnem Haar?" -

Seit Mütterchen tot ist, durch dämmernde Tage
führt mich die Sehnsucht, die blasse Frau;
und von der schönen Prinzessin die Sage
weiß sie wie Mütterchen ganz genau …

VI

Sentados a la luz del ocaso susurré:
«Mamá, ¿verdad que una vez más
me contarás el precioso cuento
de la princesa del cabello de oro?».

Desde que mamá murió, en días de penumbra
me guía la añoranza, esa pálida mujer;
la leyenda de la hermosa princesa
la sabe muy bien, igual que mamá…

VII

Ich wollt, sie hätten statt der Wiege
mir einen kleinen Sarg gemacht,
dann wär mir besser wohl, dann schwiege
die Lippe längst in feuchter Nacht.

Dann hätte nie ein wilder Wille
die bange Brust durchzittert, - dann
wärs in dem kleinen Körper stille,
so still, wie's niemand denken kann.

Nur eine Kinderseele stiege
zum Himmel hoch so sacht, - ganz sacht …
Was haben sie mir statt der Wiege
nicht einen kleinen Sarg gemacht? -

VII

Preferiría que en vez de una cuna
me hubieran hecho un pequeño ataúd,
pues estaría mejor y hace tiempo
mis labios se habrían sellado en la húmeda noche.

Entonces nunca un deseo feroz
el pecho me habría encogido, y así
reinaría la calma en mi cuerpecito,
una calma que nadie puede intuir.

Solo un alma infantil ascendería
al cielo con tanto, tanto sigilo…
¿Por qué no en lugar de la cuna
me hicieron un pequeño ataúd?

VIII

Jene Wolke will ich neiden,
die dort oben schweben darf!
Wie sie auf besonnte Heiden
ihre schwarzen Schatten warf.

Wie die Sonne zu verdüstern
sie vermochte kühn genug,
wenn die Erde lichteslüstern
grollte unter ihrem Flug.

All die goldnen Strahlenfluten
jener Sonne wollt auch ich
hemmen! Wenn auch für Minuten!
Wolke! Ja, ich neide dich!

VIII

¡Envidio la nube aquella
que vuela por las alturas!
Cómo arroja sombras negras
en los brezales al sol.

Cómo tiene valor suficiente
de ensombrecer al mismo sol,
cuando ávida de luz truena
la tierra bajo su vuelo.

¡Querría frenar los rayos del sol,
sus ráfagas doradas todas,
aunque fuera por minutos!
¡Oh nube, cómo te envidio!

IX

Mir ist: Die Welt, die laute, kranke,
hat jüngst zerstört ein jäh Zerstieben,
und mir nur ist der Weltgedanke,
der große, in der Brust geblieben.

Denn so ist sie, wie ich sie dachte;
ein jeder Zwiespalt ist vertost:
auf goldnen Sonnenflügeln sachte
umschwebt mich grüner Waldestrost.

IX

Siento como si el mundo, estridente y enfermo,
se hubiera pulverizado de golpe
y de él solo quedara en mi pecho
un inmenso pensamiento.

Pues así es como lo imaginé:
todo dilema se ha disipado
y con alas doradas sobrevuela apacible
el verde consuelo del bosque.

X

Wenn das Volk, das drohnenträge,
trabt den altvertrauten Trott,
möcht ich weiße Wandelwege
wallen durch das Duftgehege
ernst und einsam wie ein Gott.

Wandeln nach den glanzdurchsprühten
Fernen, lichten Lohns bewußt; -
um die Stirne kühle Blüten
und von kinderkeuschen Mythen
voll die sabbatstille Brust.

X

Cuando la multitud, rendida al peso del día
marcha al ritmo cansino del viejo trote,
desearía yo deambular por el camino
blanco de la dehesa perfumada,
solitario y solemne como un dios,

hacia un horizonte bañado de fulgor,
seguro de mi tributo en forma de luz;
con una corona florida en la sien
y henchido de puras leyendas el pecho
en el sagrado silencio del sabbat.

XI

Weiß ich denn, wie mir geschieht?
In den Lüften Düftequalmen
und in bronzebraunen Halmen
ein verlornes Grillenlied.

Auch in meiner Seele klingt
tief ein Klang, ein traurig-lieber, -
so hört wohl ein Kind im Fieber,
wie die tote Mutter singt.

XI

¿Cómo saber lo que me está pasando?
A través de una brisa de fragancias
y entre el heno marrón de color bronce,
la canción perdida de un grillo.

También en mi alma resuena
recóndita una triste canción,
es la misma que un niño con fiebre
oye cantar a su difunta madre.

XII

Schon blinzt aus argzerfetztem Laken
der holde, keusche Götternacken
der früherwachenden Natur,
und nur in tiefentlegnen Talen
zeigt hinter violetten, kahlen
Gebüschen sich mit falschem Prahlen
des Winters weiße Sohlenspur.

Hin geh ich zwischen Weidenbäumen
an nassen Räderrinnensäumen
den Fahrweg, und der Wind ist mild.
Die Sonne prangt im Glast des Märzen
und zündet an im dunklen Herzen
der Sehnsucht weiße Opferkerzen
vor meiner Hoffnung Gnadenbild.

XII

Por los rotos del lienzo desgarrado
pestañea ya la divina cerviz
de la naturaleza precoz, pura y casta,
mientras en los valles profundos
tras la maleza violácea y desnuda
aún ostenta el invierno
sus últimas huellas níveas.

Camino entre sauces siguiendo el bordillo
de los surcos labrados por carretas,
mecido por el soplo apacible del viento.
El sol brilla en el resplandor de marzo
y enciende en el corazón oscuro
de deseo, blancos cirios de ofrenda
a la imagen milagrosa de mi esperanza.

XIII

Fahlgrauer Himmel, von dem jede Farbe
bange verblich.
Weit - ein einziger lohroter Strich
wie eine brennende Geißelnarbe.

Irre Reflexe vergehn und erscheinen.
Und in der Luft
liegts wie ersterbender Rosenduft
und wie verhaltenes Weinen …

XIII

Gris pálido el cielo, de un color
que destiñe los demás.
Lejos, una única estría rojo fuego
como la cicatriz ardiente de una fusta.

Destellos errantes despuntan y mueren.
Y en el aire flota
un aroma de rosas que expira
y como un llorar apagado…

XIV

Die Nacht liegt duftschwer auf dem Parke,
und ihre Sterne schauen still,
wie schon des Mondes weiße Barke
im Lindenwipfel landen will.

Fern hör ich die Fontäne hallen
ein Märchen, das ich längst vergaß, -
und dann ein leises Apfelfallen
ins hohe, regungslose Gras.

Der Nachtwind schwebt vom nahen Hügel
und trägt durch alte Eichenreihn
auf seinem blauen Falterflügel
den schweren Duft vom jungen Wein.

XIV

La noche densa de aromas cubre el parque
y sus estrellas miran en silencio
cómo la barca blanca de la luna
quiere arribar a la copa del tilo.

De lejos oigo en la fuente resonar
un cuento que hace tiempo olvidé,
y luego el suave caer de una manzana
en la hierba alta e inmóvil.

El viento nocturno planea en la loma
y lleva por la hilera de viejos robles
en sus azules alas de mariposa
el pesado aroma del vino joven.

XV

Im Schoß der silberhellen Schneenacht
dort schlummert alles weit und breit,
und nur ein ewig wildes Weh wacht
in einer Seele Einsamkeit.

Du fragst, warum die Seele schwiege,
warum sie's in die Nacht hinaus
nicht gießt? - Sie weiß, wenns ihr entstiege,
es löschte alle Sterne aus.

XV

En el seno de la noche nevada, clara
como la plata, todo duerme por doquier,
y solo un eterno e indomable dolor
vela en la soledad de un alma.

Te preguntas por qué calla el alma.
¿Por qué no vierte su queja en la noche?
—Ella sabe que si derramara su dolor,
apagaría todos los astros.

XVI

Abendläuten. Aus den Bergen hallt es
wieder neu zurück in immer mattern
Tönen. Und ein Lüftchen fühlst du flattern
von dem grünen Talgrund her, ein kaltes.

In den weißen Wiesenquellen lallt es
wie ein Stammeln kindischen Gebetes;
durch den schwarzen Tannenhochwald geht es
wie ein Dämmern, ein jahrhundertaltes.

Durch die Fuge eines Wolkenspaltes
wirft der Abend rote Blutkorallen
nach den Felsenwänden. - Und sie prallen
lautlos von den Schultern des Basaltes.

XVI

Campanas vespertinas. De las montañas
llega su eco apianándose una y otra vez.
Y sientes una brisa ondear, fría,
desde el verde hondo del valle.

De las fuentes claras del prado suena
como un balbuceo de niños rezando;
a través del negro bosque de abetos
avanza un anochecer centenario.

Por la grieta de una nube rasgada
arroja la tarde rojos corales de sangre
contra el despeñadero. —Y se estrellan
silenciosos en los hombros del basalto.

XVII

Weltenweiter Wandrer,
walle fort in Ruh …
also kennt kein andrer
Menschenleid wie du.

Wenn mit lichtem Leuchten
du beginnst den Lauf,
schlägt der Schmerz die feuchten
Augen zu dir auf.

Drinnen liegt - als riefen
sie dir zu: versteh! -
tief in ihren Tiefen
eine Welt voll Weh …

Tausend Tränen reden
ewig ungestillt,
und in einer jeden
spiegelt sich dein Bild!

XVII

Caminante del mundo,
avanza sereno tu senda…
Nadie como tú ha bebido
del cáliz del dolor humano.

Cuando al primer albor
inicias tu marcha,
el dolor abre hacia ti
sus párpados húmedos.

Un universo de llanto
palpita en lo más profundo…
como si alguien te llamara
exclamando: «¡comprende!».

Mil lágrimas hablan
sin tregua, insaciables.
¡Y en cada una de ellas
se refleja tu imagen!

XVIII

Möchte mir ein blondes Glück erkiesen;
doch vom Sehnen bin ich müd und Suchen. -
Weiße Wasser gehn in stillen Wiesen,
und der Abend blutet in die Buchen.

Mädchen wandern heimwärts. Rot im Mieder
Rosen; ferneher verklingt ihr Lachen …
Und die ersten Sterne kommen wieder
und die Träume, die so traurig machen.

XVIII

Ojalá me eligiera una rubia fortuna;
pues cansado estoy de anhelar y buscar.
Aguas claras besan los prados
mientras sangra la tarde en las hayas.

Las muchachas vuelven a casa. Rosas rojas
en su corpiño; el eco de sus risas se extingue…
Las primeras estrellas retornan, como siempre,
y con ellas los sueños que traen la tristeza.

XIX

Vor mir liegt ein Felsenmeer,
Sträucher, halb im Schutt versunken,
Todesschweigen. - Nebeltrunken
hangt der Himmel drüber her.

Nur ein matter Falter schwirrt
rastlos durch das Land, das kranke …
Einsam, wie ein Gottgedanke
durch die Brust des Leugners irrt.

XIX

Un mar de rocas yace a mis pies,
arbustos entre escombros hundidos
y un silencio mortal. - Ebrio de niebla
pende el cielo, turbio y sin rumbo.

Solo una pálida mariposa aletea
tenaz por la tierra, tierra enferma…
Solitaria, como un pensamiento de dios
errando en el pecho del ateo.

XX

Die Fenster glühten an dem stillen Haus,
der ganze Garten war voll Rosendüften.
Hoch spannte über weißen Wolkenklüften
der Abend in den unbewegten Lüften
die Schwingen aus.

Ein Glockenton ergoß sich auf die Au …
lind wie ein Ruf aus himmlischen Bezirken.
Und heimlich über flüstervollen Birken
sah ich die Nacht die ersten Sterne wirken
ins blasse Blau.

XX

Las ventanas ardían en la casa callada,
el jardín era todo fragancias de rosas.
Arriba en el aire quieto desplegaba la tarde
sus alas sobre los intersticios
de blancas nubes.

Una campanada se diluyó en la ribera…
suave como una llamada de los cielos.
Y sobre susurrantes abedules
los primeros astros alumbraban en secreto
el pálido azul.

XXI

Es gibt so wunderweiße Nächte,
drin alle Dinge Silber sind.
Da schimmert mancher Stern so lind,
als ob er fromme Hirten brächte
zu einem neuen Jesuskind.

Weit wie mit dichtem Demantstaube
bestreut, erscheinen Flur und Flut,
und in die Herzen, traumgemut,
steigt ein kapellenloser Glaube,
der leise seine Wunder tut.

XXI

Hay noches de un blanco tan milagroso,
que todo en ellas se vuelve de plata.
Alguna estrella brilla tan suave
como si a devotos pastores guiara
hacia un nuevo Niño Jesús.

Tierra y marea parecen a lo lejos
rociadas con polvo de diamante,
y en los corazones, soñadores,
se alza una creencia sin iglesias
que obra sus milagros en silencio.

XXII

Wie eine Riesenwunderblume prangt
voll Duft die Welt, an deren Blütenspelze,
ein Schmetterling mit blauem Schwingenschmelze,
die Mainacht hangt.

Nichts regt sich; nur der Silberfühler blinkt …
Dann trägt sein Flügel ihn, sein frühverblaßter,
nach Morgen, wo aus feuerroter Aster
er Sterben trinkt …

XXII

Como una inmensa flor milagrosa abre el mundo
su corola de aromas, en cuyas glumas una azul
mariposa con su plácido aleteo
sostiene la noche de mayo.

Todo es quietud; solo su antena de plata destella…
Más tarde sus alas, pálidas de pronto,
la llevarán al mañana, donde de amelos rojos
como el fuego, beberá la muerte…

XXIII

Wie, jegliches Gefühl vertiefend,
ein süßer Drang die Brust bewegt,
wenn sich die Mainacht, sternetriefend,
auf mäuschenstille Plätze legt -

Da schleichst du hin auf sachter Sohle
und schwärmst zum blanken Blau hinauf,
und groß wie eine Nachtviole
geht dir die dunkle Seele auf ...

XXIII

Cómo mueve el pecho un delicioso impulso
ahondando en todos los sentires,
cuando la noche de mayo, estrellada,
descansa en rincones callados.

De puntillas vas entonces sigiloso
mirando embelesado el prístino azul,
y alta como la violeta de los jardines
se despliega tu alma oscura…

XXIV

O gäbs doch Sterne, die nicht bleichen,
wenn schon der Tag den Ost besäumt;
von solchen Sternen ohnegleichen
hat meine Seele oft geträumt.

Von Sternen, die so milde blinken,
daß dort das Auge landen mag,
das müde ward vom Sonnetrinken
an einem goldnen Sommertag.

Und schlichen hoch ins Weltgetriebe
sich wirklich solche Sterne ein, -
sie müßten der verborgnen Liebe
und allen Dichtern heilig sein.

XXIV

Ojalá hubiera estrellas que no se apagaran
cuando el nuevo día bordea el oriente;
con tales estrellas sin igual
soñó muchas veces mi alma.

Con estrellas de tan sereno fulgor,
que la mirada quiere descansar en ellas,
cansada por beber del sol
en un radiante día de estío.

Si tales estrellas habitaran
el vasto telar del firmamento,
serían sagradas para el amor oculto
y para todos los poetas.

XXV

Mir ist so weh, so weh, als müßte
die ganze Welt in Grau vergehn,
als ob mich die Geliebte küßte
und spräch: Auf Nimmerwiedersehn.

Als ob ich tot wär und im Hirne
mir dennoch wühlte wilde Qual,
weil mir vom Hügel eine Dirne
die letzte, blasse Rose stahl …

XXV

Siento tanto, tanto dolor, como si
el mundo entero fuera a volverse gris,
como si mi amante me besara
y dijera: hasta nunca jamás.

Como si yo hubiera muerto, pero una feroz
congoja revolviera aún mis sesos,
porque desde el túmulo una mujer me ha robado
la última rosa marchita…

XXVI

Matt durch der Tale Gequalme wankt
Abend auf goldenen Schuhn, -
Falter, der träumend am Halme hangt,
weiß nichts vor Wonne zu tun.

Alles schlürft heil an der Stille sich. -
Wie da die Seele sich schwellt,
daß sie als schimmernde Hülle sich
legt um das Dunkel der Welt.

XXVI

La tarde clara en sus zapatos de oro
se tambalea por los vapores del valle,
la mariposa sueña de una brizna colgada
y de puro gozo no sabe qué hacer.

Todo bebe a sorbos del sagrado silencio.
Cómo se hincha allí el alma, tanto
que se vuelve una funda brillante
para cubrir lo oscuro del mundo.

XXVII

Ein Erinnern, das ich heilig heiße,
leuchtet mir durchs innerste Gemüt,
so wie Götterbildermarmorweiße
durch geweihter Haine Dämmer glüht.

Das Erinnern einstger Seligkeiten,
das Erinnern an den toten Mai, -
Weihrauch in den weißen Händen, schreiten
meine stillen Tage dran vorbei …

XXVII

Recordar que mi nombre es sagrado
alumbra lo más hondo del alma,
así como el mármol blanco de un tótem
ilumina al ocaso la arboleda bendita.

Recordar dichas remotas,
recordar el mayo que se fue,
con manos pálidas de incienso
mis días silentes se apagan…

XXVIII

Glaubt mir, daß ich, matt vom Kranken,
keinen lauten Lenz mehr mag, -
will nur einen sonnenblanken,
wipfelroten Frühherbsttag.

Will die Lust, die jubelschrille,
nicht mehr in die Brust zurück, -
will nur Sterbestubenstille
drinnen - für mein totes Glück.

XXVIII

Creedme que, pálido de puro enfermo
no me agrada ya la primavera sonora,
solo pido un día de otoño temprano,
rojo como una cima y fulgente de sol.

No quiero que el gozo estridente de júbilo
regrese jamás a mi pecho,
prefiero un silencio de capilla ardiente
velando mi extinta ventura.

LIEBEN

AMAR

I

Und wie mag die Liebe dir kommen sein?
Kam sie wie ein Sonnen, ein Blütenschnein,
kam sie wie ein Beten? - Erzähle:

Ein Glück löste leuchtend aus Himmeln sich los
und hing mit gefalteten Schwingen groß
an meiner blühenden Seele …

I

Y, ¿cómo habrá llegado a ti el amor?
¿Llegó como el sol, como nieve de flores?
¿Llegó acaso como un rezo? ¡Cuéntame!

—Una dicha se desprendió brillando de los cielos
y con sus largas alas plegadas
se colgó de mi alma en flor…

II

Das war der Tag der weißen Chrysanthemen, -
mir bangte fast vor seiner schweren Pracht …
Und dann, dann kamst du mir die Seele nehmen
tief in der Nacht.

Mir war so bang, und du kamst lieb und leise, -
ich hatte grad im Traum an dich gedacht.
Du kamst, und leis wie eine Märchenweise
erklang die Nacht …

II

Ese fue el día de los blancos crisantemos,
casi me hizo temblar su pesado esplendor…
Y luego, luego llegaste tú a robarme el alma
en la noche cerrada.

Tenía tanto miedo y tú llegaste amable y dulce,
acababa de soñar pensando en ti.
Llegaste, y suave como la canción de un cuento
resonó la noche…

III

Einen Maitag mit dir beisammen sein,
und selbander verloren ziehn
durch der Blüten duftqualmende Flammenreihn
zu der Laube von weißem Jasmin.

Und von dorten hinaus in den Maiblust schaun,
jeder Wunsch in der Seele so still …
Und ein Glück sich mitten in Mailust baun,
ein großes, - das ists, was ich will …

III

Pasar contigo un día de mayo,
caminar juntos, perdidos
entre llamas de flores vaporosas
hasta la glorieta de jazmines blancos.

Y desde allí, mirar los retoños de mayo,
todo anhelo del alma aplacado…
Y en medio de ese gozo construir una dicha,
una dicha inmensa, - eso es lo que quiero…

IV

Ich weiß nicht, wie mir geschieht …
Weiß nicht, was Wonne ich lausche,
mein Herz ist fort wie im Rausche,
und die Sehnsucht ist wie ein Lied.

Und mein Mädel hat fröhliches Blut
und hat das Haar voller Sonne
und die Augen von der Madonne,
die heute noch Wunder tut.

IV

No sé bien qué me pasa…
No sé qué dicha llega a mi oído,
mi corazón estalla embriagado
y el deseo es como una canción.

Y mi niña tiene sangre alegre
y el cabello lleno de sol
y los ojos de la Virgen María,
que aun hoy hace milagros.

V

Ob dus noch denkst, daß ich dir Äpfel brachte
und dir das Goldhaar glatt strich leis und lind?
Weißt du, das war, als ich noch gerne lachte,
und du warst damals noch ein Kind.

Dann ward ich ernst. In meinem Herzen brannte
ein junges Hoffen und ein alter Gram …
Zur Zeit, als einmal dir die Gouvernante
den "Werther" aus den Händen nahm.

Der Frühling rief. Ich küßte dir die Wangen,
dein Auge sah mich groß und selig an.
Das war ein Sonntag. Ferne Glocken klangen,
und Lichter gingen durch den Tann …

V

¿Recuerdas cuando te traía manzanas
y acariciaba en voz baja tu cabello de oro?
Era cuando aún me gustaba reír
y tú solo eras una niña.

Luego me volví serio. Dentro de mí ardía
una nueva ilusión y un viejo rencor…
Los días en que una vez la institutriz
te quitó el *Werther* de las manos.

La primavera llamó. Te besé en las mejillas
y tus ojos grandes me miraron felices.
Era domingo. Lejos se oían campanas
y entre los abetos pasaban luces…

VI

Wir saßen beide in Gedanken
im Weinblattdämmer - du und ich -
und über uns in duftgen Ranken
versummte wo ein Hummel sich.

Reflexe hielten, bunte Kreise,
in deinem Haare flüchtig Rast …
Ich sagte nichts als einmal leise:
"Was du für schöne Augen hast."

VI

Los dos nos sentamos a contemplar
el atardecer en el viñedo —tú y yo—
y sobre nosotros, entre pámpanos fragantes
se perdía el zumbido de una zángano.

Reflejos de luz y esferas de colores
descansaban breves sobre tu cabello…
Una sola cosa te dije en voz baja:
«Qué ojos tan hermosos tienes».

VII

Blondköpfchen hinter den Scheiben
hebt es sich ab so fein, -
sternt es ins Stäubchentreiben
oder zu mir herein?

Ist es das Köpfchen, das liebe,
das mich gefesselt hält,
oder das Stäubchengetriebe
dort in der sonnigen Welt?

Keins sieht zum andern hinüber.
Heimlich, die Stirne voll Ruh,
schreitet der Abend vorüber …
Und wir? Wir sehn ihm halt zu. -

VII

La cabecita rubia detrás del cristal
se distingue tan delicada,
¿Estrellea[1] en las motas de polvo
o dentro de mí?

¿Es la cabecita, deliciosa,
la que me ha cautivado,
o el finísimo polvo suspendido
del cosmos radiante?

Ninguno de los dos se mira entre sí.
Las estrellas reposan serenas
mientras avanza en secreto la tarde…
¿Y nosotros? Simplemente la miramos.

---

[1] Rilke se inventa el verbo intransitivo «sternen» a partir del sustantivo «Stern», estrella, para dar aquí a la luz de las estrellas un carácter meteorológico y por eso hemos decidido traducirlo literalmente inventándonos el verbo «estrellear».

VIII

Die Liese wird heute just sechzehn Jahr.
Sie findet im Klee einen Vierling …
Fern drängt sichs wie eine Bubenschar:
die Löwenzähne mit blondem Haar
betreut vom sternigen Schierling.

Dort hockt hinterm Schierling der Riesenpan,
der strotzige, lose Geselle.
Jetzt sieht er verstohlen die Liese nahn
und lacht und wälzt durch den Wiesenplan
des Windes wallende Welle …

VIII

Lisa cumplirá hoy dieciséis años.
Ha encontrado un trébol de cuatro hojas…
Lejos se agolpan, como una legión de muchachos,
dientes de león con flequillo rubio
custodiados por la cicuta estrellada.

Tras ella se esconde el dios Pan,
rebosante de salud, temerario.
Ahora mira furtivo a Lisa acercarse
y rueda riendo por las ondas del viento
que en la hierba serpentean…

IX

Ich träume tief im Weingerank
mit meiner blonden Kleinen;
es bebt ihr Händchen, elfenschlank,
im heißen Zwang der meinen.

So wie ein gelbes Eichhorn huscht
das Licht hin im Reflexe,
und violetter Schatten tuscht
ins weiße Kleid ihr Kleckse.

In unsrer Brust liegt glückverschneit
goldsonniges Verstummen.
Da kommt in seinem Sammetkleid
ein Hummel Segen summen …

IX

Estoy soñando en la viña
con mi muchachita rubia;
tiembla su mano de marfil
al estrecharla con la mía.

Como una ardilla amarilla
corretea la luz estelar
pintando en su blanco vestido
manchas lilas de acuarela.

En nuestro pecho un silencio reposa
nevado de dicha, dorado de sol.
Y una abeja con su traje de seda
nos da con su zumbido la bendición…

X

Es ist ein Weltmeer voller Lichte,
das der Geliebten Aug umschließt,
wenn von der Flut der Traumgesichte
die keusche Seele überfließt.

Dann beb ich vor der Wucht des Schimmers
so wie ein Kind, das stockt im Lauf,
geht vor der Pracht des Christbaumzimmers
die Flügeltüre lautlos auf.

X

Un océano de luces es
lo que encierran los ojos de mi amante,
cuando una marea de rostros soñadores
desborda su púdica alma.

Entonces tiemblo ante el ímpetu del brillo
como un niño que detiene su carrera
al ver abrirse las puertas del salón
al esplendor del árbol de Navidad.

XI

Ich war noch ein Knabe. Ich weiß, es hieß:
Heut kommt Base Olga zu Gaste.
Dann sah ich dich nahn auf dem schimmernden Kies,
ins Kleidchen gepreßt, ins verblaßte.

Bei Tisch saß man später nach Ordnung und Rang
und frischte sich mäßig die Kehle;
und wie mein Glas an das deine klang,
da ging mir ein Riß durch die Seele.

Ich sah dir erstaunt ins Gesicht und vergaß
mich dem Plaudern der andern zu einen,
denn tief im trockenen Halse saß
mir würgend ein wimmerndes Weinen.

Wir gingen im Parke. - Du sprachst vom Glück
und küßtest die Lippen mir lange,
und ich gab dir fiebernde Küsse zurück
auf die Stirne, den Mund und die Wange.

Und da machtest du leise die Augen zu,
die Wonne blind zu ergründen …
Und mir ahnte im Herzen: da wärest du
am liebsten gestorben in Sünden …

XI

Aún era yo un muchacho. Recuerdo que decían:
«Hoy viene la prima Olga de visita».
Te vi llegar por el empedrado radiante
apretada en tu vestidito claro.

Sentados a la mesa por edad y rango,
poco a poco se apagaba la sed;
y cuando mi vaso sonó con el tuyo
un desgarro recorrió mi alma.

Te miré a la cara aturdido y olvidé
la conversación con los demás,
pues en lo hondo de mi garganta seca
me ahogaba un llorar quejumbroso.

Paseamos por el parque. - Hablaste de dichas
y besaste mis labios largamente,
y yo te devolví besos de fiebre
en la frente, la boca y las mejillas.

Entonces cerraste apacible los ojos,
para desentrañar ciega el placer…
Y presentí en el corazón que hubieras querido
morir ahí mismo en pecado…

XII

Die Nacht im Silberfunkenkleid
streut Träume eine Handvoll,
die füllen mir mit Trunkenheit
die tiefe Seele randvoll.

Wie Kinder eine Weihnacht sehn
voll Glanz und goldnen Nüssen, -
seh ich dich durch die Mainacht gehen
und alle Blumen küssen.

XII

La noche vestida de plata y centellas
esparce puñados de sueños
que colman de embriaguez
mi alma insondable.

Como los niños ven la Navidad
llena de brillo y nueces doradas,
así te veo atravesar la noche en mayo
y besar todas sus flores.

XIII

Schon starb der Tag. Der Wald war zauberhaft,
und unter Farren bluteten Zyklamen,
die hohen Tannen glühten, Schaft bei Schaft,
es war ein Wind, - und schwere Düfte kamen.
Du warst von unserm weiten Weg erschlafft,
ich sagte leise deinen süßen Namen:
Da bohrte sich mit wonnewilder Kraft
aus deines Herzens weißem Liliensamen
die Feuerlilie der Leidenschaft.

Rot war der Abend - und dein Mund so rot,
wie meine Lippen sehnsuchtheiß ihn fanden,
und jene Flammen, die uns jäh durchloht,
sie leckten an den neidischen Gewanden …
Der Wald war stille, und der Tag war tot.
Uns aber war der Heiland auferstanden,
und mit dem Tage starben Neid und Not.
Der Mond kam groß an unsern Hügeln landen,
und leise stieg das Glück aus weißem Boot.

XIII

Ya murió el día. El bosque todo era magia,
y entre helechos sangraban ciclámenes,
altos abetos ardían, tallo a tallo,
y el viento soplaba cargado de olores.
El largo camino juntos te dejó rendida,
dije en voz baja tu dulce nombre:
con fuerza primigenia se abrió paso
de las semillas de azucena blanca de tu pecho,
la azucena fuego de la pasión.

La tarde era roja - y tan roja tu boca,
la que encontraron con ardiente deseo mis labios,
y cada llama que nos prendía en arrebato
lamía la ropa envidiosa…
El bosque callaba y el día murió,
mas por nosotros resucitó el redentor,
y con el día murieron la envidia y los males.
La luna enorme vino a nuestra loma a atracar,
y bajó sin ruido la dicha de su blanco batel.

XIV

Es leuchteten im Garten die Syringen,
von einem Ave war der Abend voll, -
da war es, daß wir voneinander gingen
in Gram und Groll.

Die Sonne war in heißen Fieberträumen
gestorben hinter grauen Hängen weit,
und jetzt verglomm auch hinter Blütenbäumen
dein weißes Kleid.

Ich sah den Schimmer nach und nach vergehen
und bangte bebend wie ein furchtsam Kind,
das lange in ein helles Licht gesehen:
Bin ich jetzt blind? -

XIV

Brillaban las lilas en el jardín
y un repicar de campanas llenaba la tarde,
fue el día que separamos nuestros caminos
con pena y rencor.

El sol había muerto entre sueños febriles
tras las grises colinas lejanas,
y también se apagó tras ramas floridas
tu vestido blanco.

Vi el resplandor poco a poco morir
y temblé como un niño asustado
que ha mirado mucho tiempo una luz:
¿Me habré vuelto ciego?

XV

Oft scheinst du mir ein Kind, ein kleines, -
dann fühl ich mich so ernst und alt, -
wenn nur ganz leis dein glockenreines
Gelächter in mir widerhallt.

Wenn dann in großem Kinderstaunen
dein Auge aufgeht, tief und heiß, -
möcht ich dich küssen und dir raunen
die schönsten Märchen, die ich weiß.

XV

A veces me pareces una niña, pequeña,
entonces me siento tan serio y viejo,
cuando muy, muy suave tu risa pura
como una campana resuena en mí.

Cuando entonces tu mirada infantil
se alza de asombro, honda y candente,
querría besarte y susurrarte
los cuentos más bonitos que conozco.

XVI

Nach einem Glück ist meine Seele lüstern,
nach einem kurzen, dummen Wunderwahn …
Im Quellenquirlen und im Föhrenflüstern
da hör ichs nahn …

Und wenn von Hügeln, die sich purpurn säumen,
in bleiche Bläue schwimmt der Silberkahn, -
dann unter schattenschweren Blütenbäumen
seh ich es nahn.

In weißem Kleid; so wie das Lieb, das tote,
am Sonntag mit mir ging durch Staub und Strauch,
am Herzen jene Blume nur, die rote,
trug es die auch? …

XVI

Una dicha lasciva anhela mi alma,
una breve y necia locura…
En el murmullo de fuentes y el susurro de pinos
la oigo acercarse…

Y cuando del cerro, bordeado de púrpura,
llega la barca de plata nadando en azules,
bajo la densa sombra de arbustos en flor
la veo acercarse.

En el vestido blanco; cuando mi amante, ya muerta,
iba el domingo conmigo entre matas y polvo,
en el pecho esa flor de allí, la roja,
¿también la llevaba?…

XVII

Wir gingen unter herbstlich bunten Buchen,
vom Abschiedsweh die Augen beide rot …
"Mein Liebling, komm, wir wollen Blumen suchen."
Ich sagte bang: "Die sind schon tot."

Mein Wort war lauter Weinen. - In den Äthern
stand kindisch lächelnd schon ein blasser Stern.
Der matte Tag ging sterbend zu den Vätern,
und eine Dohle schrie von fern. -

XVII

Andábamos bajo hayas teñidas de otoño,
rojos los ojos por la pena del adiós…
«Cariño, ven, vamos a buscar flores».
Y yo, temblando: «las flores ya han muerto».

Mis palabras no eran más que llanto. - En los cielos
había una estrella con sonrisa de niño.
El día mate volvía muriendo a los dioses,
y una grajilla rasgaba el silencio.

XVIII

Im Frühling oder im Traume
bin ich dir begegnet, einst,
und jetzt gehn wir zusamm durch den Herbsttag,
und du drückst mir die Hand und weinst.

Weinst du ob der jagenden Wolken?
Ob der blutroten Blätter? Kaum.
Ich fühl es: du warst einmal glücklich
im Frühling oder im Traum …

XVIII

En primavera o en sueños
me encontré contigo, una vez,
y ahora vamos juntos un día de otoño,
y aprietas mi mano y lloras.

¿Lloras por las nubes fugaces?
¿Por las hojas rojo sangre? Apenas.
Esto siento: que una vez fuiste feliz
en primavera o en sueños…

XIX

Sie hatte keinerlei Geschichte,
ereignislos ging Jahr um Jahr -
auf einmal kams mit lauter Lichte …
die Liebe oder was das war.

Dann plötzlich sah sie's bang zerrinnen,
da liegt ein Teich vor ihrem Haus …
So wie ein Traum scheints zu beginnen,
und wie ein Schicksal geht es aus.

XIX

Su vida pasaba invariable,
monótona año tras año,
de pronto un día, con luz estridente…
llegó el amor, o lo que fuera aquello.

Mas súbito lo vio derretirse de miedo,
y ahora ha quedado un charco ante su casa…
Lo que parecía empezar como un sueño
terminó como un destino.

XX

Man merkte: der Herbst kam. Der Tag war schnell
erstorben im eigenen Blute.
Im Zwielicht nur glimmte die Blume noch grell
auf der Kleinen verbogenem Hute.

Mit ihrem zerschlissenen Handschuh strich
sie die Hand mir schmeichelnd und leise. -
Kein Mensch in der Gasse als sie und ich …
Und sie bangte: Du reisest? “Ich reise”.

Da stand sie, das Köpfchen voll Abschiedsnot
in den Stoff meines Mantels vergrabend …
Vom Hütchen nickte die Rose rot,
und es lächelte müde der Abend.

XX

Se sentía: el otoño había llegado. El día
veloz había muerto en su propia sangre.
Solo en el ocaso ardía aún, cegadora,
una flor sobre la cabaña combada.

Con sus guantes agujereados
acarició lisonjera y suave mi mano.
En la calle no había nadie más que ella y yo…
y preguntó miedosa: ¿Partes? «Sí, parto».

Escondiendo la cabecita en mi abrigo
se llenó de duelo por el adiós…
En la cabaña cabeceó la rosa roja
y sonrió de cansancio la tarde.

XXI

Manchmal da ist mir: Nach Gram und Müh
will mich das Schicksal noch segnen,
wenn mir in feiernder Sonntagsfrüh
lachende Mädchen begegnen …
Lachen hör ich sie gerne.

Lange dann liegt mir das Lachen im Ohr,
nie kann ichs, wähn ich, vergessen …
Wenn sich der Tag hinterm Hange verlor,
will ich mirs singen … Indessen
singens schon oben die Sterne …

XXI

A veces, tras tanto penar y sufrir,
el destino quiere bendecirme
cuando en domingos al alba
me cruzo a muchachas riendo…
¡Cómo me gusta escucharlas reír!

Largo tiempo perdura en mi oído su risa,
nunca la olvido, ni aun queriendo…
Cuando el día se pierde tras la ladera,
quiero cantarla para mí… mas allá arriba
la están cantando ya las estrellas…

XXII

Es ist lang, - es ist lang ...
wann - weiß ich gar nimmer zu sagen ...
eine Glocke klang, eine Lerche sang -
und ein Herz hat so selig geschlagen.
Der Himmel so blank überm Jungwaldhang,
der Flieder hat Blüten getragen, -
und im Sonntagskleide ein Mädchen, schlank,
das Auge voll staunender Fragen ...
Es ist lang, - es ist lang ...

XXII

Hace tiempo, - hace tiempo…
Cuándo, - ya no sabría decirlo…
Una campana sonó, una alondra cantó
y un corazón latió tan feliz.
El cielo tan limpio sobre el bosque nuevo,
el lilo cargado de flores,
y vestida de domingo una muchacha, esbelta,
sus ojos llenos de preguntas y asombro…
Hace tiempo, - hace tiempo…

ÍNDICE

LIEBEN / AMAR

Esta primera edición de *Coronado de sueños*
se acabó de imprimir en Madrid el
21 de septiembre del año 2025,
CXXXIII Aniversario del naci-
miento de Luis Cernuda
en Sevilla.